精選言語文化　古典本文ノート　古文編1

本書の構成と特色

・本書は、『精選言語文化』の「日本文学編—古文」採録の教材から、本文、脚注、脚問、手引きの問題を掲載したノートです。
・本文の行間を広くとり、書き込みがしやすいように配慮しました。また奇数ページには罫線のみのページを用意して、板書や現代語訳などを自由に書き込めるようにしました。
・教科書本文中の地図などもできる限り掲載しました。
・脚注番号、脚問番号は教科書と対応しています。
・参照ページは教科書のページを示しています。

目次

◆古文入門

児のそら寝

宇治拾遺物語

[1]今は昔、[2]比叡の山に[3]児ありけり。僧たち、宵の

つれづれに、「いざ、[4]かいもちひせむ。」と言ひけるを、

この児、心寄せに聞きけり。さりとて、し出ださむを

待ちて寝ざらむも、わろかりなむと思ひて、片方に

寄りて、寝たるよしにて、出で来るを待ちけるに、

すでにし出だしたるさまにて、ひしめき合ひたり。

この児、さだめておどろかさむずらむと、待ちゐたるに、

1 **今は昔** 今では昔の話となったが。説話集などで、話の冒頭によく使われるきまり文句。

2 **比叡の山** 京都府と滋賀県との境にある比叡《ひえい》山《ざん》。ここは、その山上にある延暦寺《えんりゃくじ》をさす。

3 **児** 公家《くげ》・武家などの子弟で、寺社で雑務をする少年。

4 **かいもちひ** ぼたもち、おはぎの類。そばがき（そば粉をお湯でこねたもの）の類とする説もある。

検印

3　教科書　p.128〜129

僧の、「[5]もの申しさぶらはむ。おどろかせたまへ。」と

言ふを、うれしとは思へども、ただ一度にいらへむも、

待ちけるかともぞ思ふとて、いま一声呼ばれていらへむと、

念じて寝たるほどに、「や、な起こしたてまつりそ。

をさなき人は、寝入りたまひにけり。」と言ふ声のしければ、

あな、わびしと思ひて、いま一度起こせかしと、

[6]思ひ寝に聞けば、ひしひしと、ただ食ひに食ふ音の

5 **もの申しさぶらはむ** もしもし。呼びかけの言葉。

6 **思ひ寝** 思いながら横になっていること。

しければ、ずちなくて、無期ののちに、「えい。」と

いらへたりければ、僧たち笑ふこと限りなし。

学習の手引き

一 発音と表記の一致しない仮名、意味やはたらきのわからない言葉に注意して、本文を音読してみよう。

二 僧たちはなぜ笑ったのか、考えたことを発表し合おう。

活動の手引き

一 話のおもしろさがわかるように工夫して内容を文章にまとめ、発表し合おう。

言葉の手引き

一 次の語の意味を調べよう。

1 おどろく〈おどろかせたまへ〉(二八・7)

2 念ず〈念じて〉(二九・2)　3 わびし(二九・3)

二 現代語の「おどろく」「念じる」「わびしい」の意味と、一の古語の意味との違いを説明しよう。

◆古文入門

絵仏師良秀

宇治拾遺物語

これも今は昔、[1]絵仏師良秀といふありけり。

家の隣より火出で来て、風おしおほひて[2]せめければ、

逃げ出でて、大路へ出でにけり。人の描かする仏も

おはしけり。また、衣着ぬ妻子なども、さながら

内にありけり。それも知らず、ただ逃げ出でたるを

[3]ことにして、向かひのつらに立てり。

見れば、すでにわが家に移りて、煙・炎

1 絵仏師良秀　伝未詳。「絵仏師」は、仏画を描くことを職業とする人。

2 せめければ　(火が)迫ってきたので。

3 ことにして　よいことにして。

検印

9 教科書 p.132〜133

[4]くゆりけるまで、おほかた、向かひのつらに立ちて、
眺めければ、「あさましきこと。」とて、人ども
来とぶらひけれど、さわがず。「いかに。」と
人言ひければ、向かひに立ちて、家の焼くるを見て、
うちうなづきて、時々笑ひけり。「あはれ、
[5]しつるせうとくかな。年ごろはわろく
描きけるものかな。」と言ふときに、

4 **くゆりけるまで** くすぶり出したころまで。

5 **しつるせうとくかな** 大変なもうけものをしたことよ。

とぶらひに来たる者ども、「こはいかに、かくては
立ちたまへるぞ。あさましきことかな。[6]ものの
つきたまへるか。」と言ひければ、「[7]なんでふ
ものつくべきぞ。年ごろ、[8]不動尊の火炎を
あしく描きけるなり。今見れば、かうこそ燃えけれと、
心得つるなり。これこそせうとくよ。この道を
[9]立てて世にあらむには、仏だによく描きたてまつらば、

6 **もののつきたまへるか** 怪しげな霊がとりつきなさったか。

7 **なんでふもののつくべきぞ** どうして怪しげな霊がとりつくはずがあろうか。「なんでふ」は「なにといふ」がつまった語。

8 **不動尊** 不動明王。仏法を守護する五大明王の一つ。

9 **立てて** 専門として。

百千の家も出で来なむ。[10]わたうたちこそ、

[11]させる能もおはせねば、ものをも惜しみたまへ。」

と言ひて、あざ笑ひてこそ立てりけれ。

そののちにや、良秀が[12]よぢり不動とて、今に

人々めで合へり。

学習の手引き

一　文節ごとに区切りながら本文を音読してみよう。

二　良秀の特異な言動を抜き出し、それらはどのような考えに基づくものか、説明してみよう。

10 わたうたち　おまえさんたち。軽蔑の意をこめた対称代名詞。

11 させる能もおはせねば　これといった才能もお持ちでないので。

12 よぢり不動　炎のさまをねじったように描いた不動尊という。

活動の手引き

一 最後の一文がある場合とない場合とで、話の印象はどのように違ってくるか、自分の考えを発表し合おう。

言葉の手引き

一 次の語の意味を調べよう。

1 あさまし〈あさましきこと〉（二三・6）

2 とぶらふ〈来とぶらひけれど〉（二三・7）

3 わろし〈わろく〉（二三・9）

4 あし〈あしく〉（二三・2）

5 めづ〈めで合へり〉（二三・7）

二 本文から一文を選び、単語に分けてみよう。

◆古文入門

なよ竹のかぐや姫

竹取物語

今は昔、竹取の翁といふ者ありけり。野山に[1]まじりて竹を取りつつ、よろづのことに使ひけり。名をば、さかきの造となむいひける。その竹の中に、もと光る竹なむ一筋ありける。あやしがりて寄りて見るに、筒の中光りたり。それを見れば、三[2]寸ばかりなる人、いとうつくしうてゐたり。翁言ふやう、「わが朝ごと夕ごとに見る竹の中におはするにて、知りぬ。[3]子になりたまふべき

1 まじりて　分け入って。

2 寸　長さの単位。一寸は約三センチメートル。

3 子になりたまふべき　わが子におなりになるはずの。「子」は、竹の縁語「籠《こ》」に掛けた洒《しゃ》落《れ》。

検印

人[4]なめり。」とて、手にうち入れて、家へ持ちて来ぬ。

妻の嫗に預けて養はす。うつくしきこと限りなし。

いとをさなければ、籠に入れて養ふ。

竹取の翁、竹を取るに、この子を見つけてのちに

竹取るに、節を隔てて[5]よごとに黄金ある竹を見つくること

重なりぬ。かくて、翁やうやう豊かになりゆく。

この児、養ふほどに、すくすくと大きになりまさる。

4 なめり 「なるめり」の撥《はつ》音便「なんめり」の「ん」が表記されない形。

5 よ 竹の節と節との間。

翁、竹を取ること久しくなりぬ。勢ひ猛の者に

苦しきこともやみぬ。腹立たしきことも慰みけり。

翁心地あしく、苦しきときも、この子を見れば、

けうらなること世になく、屋の内は暗き所なく光満ちたり。

9帳の内よりも出ださず、いつき養ふ。この児のかたち、

6髪上げなど7さうして、髪上げさせ、8裳着す。

三月ばかりになるほどに、よきほどなる人になりぬれば、

6 **髪上げ** 髪を結い上げること。女子の成人の儀式の一つ。

7 **さうして** あれこれ配慮して。一説に、よい日を選び定めて。

8 **裳** 袴《はかま》に重ねて、腰の後ろにまとう衣服。女子の正装。

9 **帳** 垂れ絹。一説に、帳台（垂れ絹をめぐらした、貴人の座）。

なりにけり。この子いと大きになりぬれば、名を、三室戸斎部の秋田を呼びてつけさす。秋田、なよ竹のかぐや姫とつけつ。

10 三室戸斎部の秋田　「三室戸」は地名。「斎部」は氏《うじ》。「秋田」は名。

学習の手引き

一　かぐや姫が地上の人と異なっている点を、本文に即して整理してみよう。

二　かぐや姫に対する翁の心情を、本文に即して説明してみよう。

活動の手引き

一　『竹取物語』やかぐや姫について知っていることを発表し、ほかの人の発表を聞いて初めて知ったことと合わせて、話の内容をまとめてみよう。

言葉の手引き

一　次の語の意味を調べよう。

1　うつくし〈うつくしうて〉(一兲・4)

2　おはす〈おはするにて〉(一兲・5)

3 やうやう（二六・9）

4 かたち（二七・2）

5 けうらなり〈けうらなること〉（二七・2）

二 次の傍線部の動詞の活用形を答えよう。

1 使ひけり。（二六・2）

2 見れば、（二六・4）

3 媼に預けて（二六・6）

4 出ださず、（二七・2）

◆歌物語

伊勢物語

芥川

昔、男ありけり。女のえ得まじかりけるを、年を経て

よばひわたりけるを、からうじて盗み出でて、いと暗きに

来けり。[1]芥川といふ河を率て行きければ、草の上に

置きたりける露を、「かれは何ぞ。」となむ男に問ひける。

行く先多く、夜も更けにければ、鬼ある所とも知らで、

神さへいといみじう鳴り、雨もいたう降りければ、

[2]あばらなる蔵に、女をば奥に押し入れて、男、

1 芥川　今の大阪府高槻《たかつき》市を流れる川の名。一説に、宮中のごみ(芥)を流す川という解釈もある。

2 あばらなる蔵　荒れ果てた蔵。

検印

教科書　p.142〜143

弓・[3]胡籙を負ひて戸口にをり。[4]はや夜も明けなむと

思ひつつゐたりけるに、鬼、はや一口に食ひてけり。

「[5]あなや。」と言ひけれど、神鳴るさわぎに、

え聞かざりけり。やうやう夜も明けゆくに、見れば、

率て来し女もなし。[1]足ずりをして泣けども、かひなし。

[6]白玉か何ぞと人の問ひしとき

露と答へて消えなましものを

（第六段）

3 **胡籙**　矢を入れて背中に負う武具。

4 **はや夜も明けなむ**　早く夜が明けてほしい。

5 **あなや**　ああっ。悲鳴。

[1]「足ずりをして泣けども」とは、どのような様子か。

6 **白玉**　真珠。

学習の手引き

一 本文の記述から女についてどのようなことがわかるか、考えを出し合ってみよう。また、女を連れて行くときの男の状況や心理状態を、想像も交えて説明してみよう。

二 「白玉か」の歌を解釈し、この歌から読み取れる男の心情を、本文全体の内容をふまえて説明してみよう。

活動の手引き

一 下段に掲げた『伊勢物語絵巻』の絵は、後代の解釈に基づいて描かれたものである。本文と比較して気づいたことを発表し合おう。

言葉の手引き

一 次の語の意味を調べよう。

1 よばふ（一四三・1） 2 率る（一四三・2）

3 神（一四三・4） 4 いみじ（一四三・4）

5 いたし（一四三・5） 6 かひなし（一四三・9）

二 次の傍線部の動詞の活用形と活用の種類を調べ、活用表を作ろう。

1 草の上に置きたりける露を、（一四三・3）

2 男に問ひける。（一四三・3）

3 夜も更けにければ、（一四三・4）

4 見れば、率て来し女もなし。（一四三・8）

◆歌物語

伊勢物語

東下り

昔、男ありけり。その男、身を¹えうなきものに思ひなして、京にはあらじ、東の方に住むべき国求めにとて行きけり。もとより友とする人、ひとりふたりして行きけり。道知れる人もなくて、惑ひ行きけり。

²三河の国八橋といふ所に至りぬ。そこを八橋といひけるは、水行く河の³蜘蛛手なれば、橋を八つ

1 えうなき 何の役にも立たない。

2 三河の国八橋 今の愛知県知立《ちりゅう》市東部の地名。

3 蜘蛛手 クモの足のように八方に分かれたさま。

検印

渡せるによりてなむ、八橋といひける。その沢の

ほとりの木の陰に下りゐて、❶乾飯食ひけり。その沢に

[4]かきつばたいとおもしろく咲きたり。それを見て、

ある人のいはく、「かきつばたといふ五文字を[5]句の上に

据ゑて、旅の心をよめ。」と言ひければ、よめる。

[6]唐衣きつつなれにしつましあれば

はるばるきぬる旅をしぞ思ふ

❶「乾飯」は、この後の叙述でどのような役割を果たしているか。

4 かきつばた　アヤメ科の多年草。

5 句の上に据ゑて　和歌の各句の頭に置いて。このような詠歌技巧を「折句《おりく》」という。

6 唐衣…　「唐衣」は「き（着）」にかかる枕詞《まくらことば》。「唐衣きつつ」は「なれ」を導き出す序詞《じょことば》。「なれ（馴《な》れ）」に「萎《な》れ」、「つま（妻）」に「褄《つま》」、「はるばる（遥々）」に「張る張る」、「き（来）」に「着」を掛ける。いずれも「唐衣」の縁語《えんご》。

 教科書 p.144〜146

とよめりければ、みな人、乾飯の上に涙落として、

7ほとびにけり。

行き行きて、8駿河の国に至りぬ。9宇津の山に至りて、

わが入らむとする道は、いと暗う細きに、蔦・楓は茂り、

もの心細く、すずろなるめを見ることと思ふに、

10修行者会ひたり。「かかる道は、いかでかいまする。」と

言ふを見れば、見し人なりけり。京に、11その人の

7ほとびにけり　水分を含んでふやけてしまった。

8駿河の国　今の静岡県の一部。

9宇津の山　今の静岡市駿河《するが》区にある宇津ノ谷峠。

10修行者　修行のために諸国をめぐり歩く僧。

11その人　誰それという人。相手の名をぼかした言い方。

御もとにとて、文書きてつく。

[12]駿河なる宇津の山べのうつつにも

夢にも人にあはぬなりけり

富士の山を見れば、五月のつごもりに、雪いと白う

降れり。

時知らぬ山は富士の嶺いつとてか

鹿の子まだらに雪の降るらむ

12 駿河なる宇津の山べの 「うつつ」を導き出す序詞。

その山は、[2]ここにたとへば、[13]比叡の山を二十ばかり
重ね上げたらむほどして、なりは[14]塩尻のやうになむ
ありける。
なほ行き行きて、[15]武蔵の国と[16]下つ総の国との中に、
いと大きなる河あり。それを[17]すみだ河といふ。
その河のほとりに群れゐて、思ひやれば、
限りなく遠くも来にけるかなとわびあへるに、

[2] こことは、どこをさすか。

13 **比叡の山** 二八ページ注2参照。

14 **塩尻** 塩を採るために、砂を山の形に盛り上げたもの。

15 **武蔵の国** 今の東京都・埼玉県と神奈川県の一部にわたる国。

16 **下つ総の国** 今の茨城・千葉両県にまたがる国。下総《しもうさ》の国ともいう。

17 **すみだ河** 今の東京都内を流れる隅田川。当時は武蔵と下総両国の境になっていた。

渡し守、「はや舟に乗れ。日も暮れぬ。」と言ふに、

乗りて渡らむとするに、みな人ものわびしくて、

京に思ふ人なきにしもあらず。さる折しも[3]白き鳥の

嘴と脚と赤き、[18]鴫の大きさなる、水の上に遊びつつ、

魚を食ふ。京には見えぬ鳥なれば、みな人見知らず。

渡し守に問ひければ、「これなむ[19]都鳥。」と言ふを

聞きて、

3 「白き鳥の……魚を食ふ。」の文は、どのような構造になっているか。

18 **鴫** シギ科の渡り鳥。

19 **都鳥** カモメ科の鳥「ユリカモメ」のことかという。

名にし負はばいざこと問はむ都鳥
わが思ふ人はありやなしやと

とよめりければ、舟こぞりて泣きにけり。（第九段）

学習の手引き

一　男は、どこでどのような事物に触発されて歌をよんでいるか、本文に沿って整理してみよう。

二　四首の歌をそれぞれ解釈し、そこから読み取れる共通する思いを説明してみよう。

活動の手引き

一　『伊勢物語』は、男が旅に出た理由を想像させるように章段が配列されている。配列を調べ、わかったことを報告しよう。

二　男が歌をよんだ場所について、現代にどのように伝承されているか、資料を用いて調べてみよう。

20 **名にし負はば**　（都という言葉を）名として持っているのなら。

言葉の手引き

一 次の語の意味を調べよう。

1 おもしろし（一四・6）　2 みな人（一四・10）

3 すずろなり（一四・12）　4 います（一四・13）

5 つごもり（一五・2）　6 わぶ（一五・8）

二 次の傍線部の動詞の活用形と活用の種類を調べ、活用表を作ろう。

1 昔、男ありけり。（一四・1）

2 わが入らむとする道は、（一四・11）

3 遠くも来にけるかなと（一五・8）

 教科書　p.144〜146

◆歌物語

伊勢物語

筒井筒

昔、[1]田舎わたらひしける人の子ども、井のもとに出でて

遊びけるを、大人になりにければ、男も女も恥ぢかはして

ありけれど、男はこの女をこそ得めと思ふ。女は

この男をと思ひつつ、親の[2]あはすれども、聞かでなむ

ありける。さて、この隣の男のもとより、かくなむ、

[3]筒井筒[4]井筒にかけしまろが丈

[5]過ぎにけらしな妹見ざるまに

1 田舎わたらひ 田舎で暮らしを立てること。下級の地方官のことかという。

2 あはすれども ほかの男と結婚させようとするけれども。

3 筒井筒 筒のように丸く掘り下げた井戸の、井戸囲い。

4 井筒にかけし 井筒と高さを比べた。

5 過ぎにけらしな 井筒の高さを越してしまったにちがいないよ。

検印

教科書 p.147〜149

女、返し、

くらべこし[6]振り分け髪も肩過ぎぬ

君ならずしてたれか[7]上ぐべき

など言ひ言ひて、つひに本意のごとくあひにけり。

さて、年ごろ経るほどに、女、[8]親なく、頼りなくなるままに、もろともに[9]言ふかひなくてあらむやはとて、[10]河内の国高安の郡に、行き通ふ所出で来にけり。

6 振り分け髪 子供の髪形。左右に分けて肩のあたりで切りそろえる。

7 上ぐ 髪上げをする。一三七ページ注**6**参照。

8 親なく 親が死んで。

9 言ふかひなくて ここは、貧乏な状態で、の意。

10 河内の国高安の郡 今の大阪府南東部の八尾《やお》市付近。

さりけれど、このもとの女、あしと思へるけしきも

なくて、出だしやりければ、男、[1]異心ありてかかるにや

あらむと、思ひ疑ひて、前栽の中に隠れゐて、河内へ

いぬる顔にて見れば、この女、いとよう化粧じて、

うちながめて、

[11]風吹けば沖つ白波[12]たつた山

夜半にや君がひとり越ゆらむ

[1]「異心」とは、誰のどのような心をさすか。

11 風吹けば沖つ白波　「たつ」を導き出す序詞。

12 たつた山　今の奈良県生駒《いこま》郡にある竜田《たつた》山。「竜田山」の「竜」と、「白波」が「立つ」との掛詞《かけことば》。

とよみけるを聞きて、限りなくかなしと思ひて、河内へも

行かずなりにけり。

まれまれかの高安に来て見れば、初めこそ心にくくも

つくりけれ、今はうちとけて、手づから[13]いひがひ取りて、

[14]笥子のうつはものに盛りけるを見て、心憂がりて

行かずなりにけり。さりければ、かの女、[15]大和の方を

見やりて、

13 いひがひ 飯杓子《めしじゃくし》。しゃもじ。

14 笥子のうつはもの 食物を盛る器。「家子」の字を当て、「家族や使用人の器」の意ととる説もある。

15 大和 今の奈良県。

君があたり見つつ[16]ををらむ[17]生駒山

雲な隠しそ雨は降るとも

と言ひて見出だすに、からうじて、大和人、「来む。」と

言へり。喜びて待つに、たびたび過ぎぬれば、

君来むと言ひし夜ごとに過ぎぬれば

頼まぬものの恋ひつつぞ経る

と言ひけれど、男住まずなりにけり。

（第二十三段）

16を　調子を整える働きの間投助詞。
17生駒山　今の奈良県生駒郡と大阪府東大阪市との境にある山。

教科書 p.147〜149

学習の手引き

一　本文中に現れる、人物を表す表現をすべて書き出し、同一人物は一つにまとめて、人物関係を整理しよう。

二　「筒井筒」と「くらべこし」の歌を解釈し、この二つの歌が「本意」(一四七・12)とどのように結びつくのか、説明してみよう。

三　「風吹けば」の歌を解釈し、この歌と女(もとの女)の態度とが、男の気持ちを動かした理由を説明してみよう。

四　もとの女と河内の女とを比較して、『伊勢物語』という作品が理想とした美意識について、考えたことを発表し合おう。

活動の手引き

一　この話が男女の婚姻関係を題材としていることをふまえ、当時の結婚の形態について調べたことを発表し合おう。

言葉の手引き

一　次の語の意味を調べよう。

1　妹(一四七・9)　　2　本意(一四七・12)

3　あふ(一四七・12)　　4　頼りなし(一四七・13)

5　言ふかひなし(一四七・14)　　6　あし(一四八・1)

7　けしき(一四八・1)　　8　化粧ず(一四八・3)

9　うちながむ(一四八・3)　　10　かなし(一四八・6)

11 心にくし（一四八・7）

12 心憂がる（一四九・1）

13 頼む（一四九・5）

14 住む（一四九・6）

二 次の傍線部の形容詞の活用表を作ろう。

1 あしと思へるけしきもなくて、（一四八・1）

2 限りなくかなしと思ひて、（一四八・6）

◆歌物語

伊勢物語

あづさ弓

昔、男、片田舎に住みけり。男、❶「宮仕へしに。」とて、

別れ惜しみて行きけるままに、[1]三年来ざりければ、

待ちわびたりけるに、いとねんごろに言ひける人に、

「今宵あはむ。」と契りたりけるに、この男来たりけり。

「この戸開けたまへ。」とたたきけれど、開けで、歌をなむ

よみて出だしたりける。

[2]あらたまの年の三年を待ちわびて

❶「宮仕へしに」の後に、どのような言葉が省略されているか。

1 三年来ざりければ　夫が他国へ行って帰らないとき、子のない妻は三年で再婚することが許された。

2 あらたまの　「年」にかかる枕詞。

検印

ただ今宵こそ新枕すれ

と言ひ出だしたりければ、

[3]あづさ弓ま弓槻弓年を経て

わがせしがごとうるはしみせよ

と言ひて、いなむとしければ、女、

[4]あづさ弓引けど引かねど昔より

心は君に寄りにしものを

3 あづさ弓ま弓槻弓 「年」を導き出す序詞。「槻弓」の「槻」に「月」を掛けて、下の「年」を導き出す。

4 あづさ弓 「引く」にかかる枕詞。「弓」は、引くと本と末とが体のほうへ寄るので、「寄る」が「弓」「引く」の縁語。

と言ひけれど、男帰りにけり。女、いと悲しくて、しりに

立ちて追ひ行けど、え追ひつかで、清水のある所に

伏しにけり。そこなりける岩に、指の血して書きつけける。

相思はで離れぬる人をとどめかね

わが身は今ぞ消え果てぬめる

と書きて、そこにいたづらになりにけり。　（第二十四段）

学習の手引き

一「この戸開けたまへ。」（一五〇・3）という男の言葉以下、男と女のやりとりは三首の歌によって進んでいる。二首目と三首目の歌は、それぞれ前の歌のどの言葉を受けてよまれているか、指摘してみよう。

三 女のよんだ三首の歌を解釈し、それぞれ女のどのような気持ちが表れているか、説明してみよう。

活動の手引き

一 「男帰りにけり。」（一五〇・10）について、Aさんは「男はさっさと帰って行った。」と思い、Bさんは「男は泣く泣く帰って行った。」と思ったという。これらの想像も参考に、自分はこの話をどのように読み取ったか、話の展開をまとめ、発表し合おう。

言葉の手引き

一 次の語の意味を調べよう。

1 片田舎（一五〇・1）　2 宮仕へ（一五〇・1）

3 ねんごろなり（一五〇・2）　4 しり（一五〇・10）

5 離る（一五〇・13）　6 いたづらなり（一五〇・14）

二 次の傍線部の形容動詞の活用表を作ろう。

1 いとねんごろに言ひける人に（一五〇・2）

2 そこにいたづらになりにけり。（一五〇・14）

三 次の傍線部の係助詞の結びの語を抜き出そう。

1 歌をなむよみて出だしたりける。（一五〇・4）

2 ただ今宵こそ新枕すれ（一五〇・5）

3 わが身は今ぞ消え果てぬめる（一五〇・13）

◆随筆㈠

枕草子　春は、あけぼの

春は、あけぼの。やうやう白くなりゆく、[1]山ぎは

少し明かりて、[2]紫だちたる雲の細くたなびきたる。

夏は、夜。月のころはさらなり、❶闇もなほ、

蛍の多く飛びちがひたる。また、ただ一つ二つなど、

ほのかにうち光りて行くも、をかし。雨など降るも、

をかし。

秋は、夕暮れ。夕日のさして[3]山の端いと近うなりたるに、

1 山ぎは　山に接して見える空のあたり。

2 紫だちたる　紫がかった。「紫」は現在の紫より赤に近い。

❶何に対して「闇も」と言っているのか。

3 山の端　空に接して見える山の部分。

検印

烏の寝どころへ行くとて、三つ四つ、二つ三つなど、

飛び急ぐさへ、あはれなり。[4]まいて雁などの連ねたるが、

いと小さく見ゆるは、いとをかし。日入り果てて、

風の音、虫の音など、はた言ふべきにあらず。

冬は、つとめて。雪の降りたるは、言ふべきにもあらず。

霜のいと白きも、また、さらでもいと寒きに、火など

急ぎおこして、炭持て渡るも、いとつきづきし。

4まいて 「まして」のイ音便。

昼になりて、[5]ぬるくゆるびもていけば、[6]火桶の火も

白き灰がちになりて、[2]わろし。

（第一段）

[5]**ぬるくゆるびもていけば**　寒さがゆるんで暖かくなっていくと。

[6]**火桶**　木製の丸火鉢。

[2]「わろし」と判断した理由は何か。

学習の手引き

一　日本の四季を評価するのに、どのような観点からどのような景物を取り上げているか、まとめてみよう。

活動の手引き

一　『枕草子』には、「冬は、いみじう寒き。夏は、世に知らず暑き。」（第百十三段）という短い章段がある。

1　作者の興味の中心がどこにあるか、説明してみよう。

2　「春は、あけぼの」の記述の中から、似たような感性がうかがえる箇所を指摘してみよう。

言葉の手引き

一　次の語の意味を調べよう。

1　さらなり（一六〇・3）　2　まいて（一六〇・9）

3　はた（一六一・1）　4　さり（一六一・3）

教科書　p.160～161

5　つきづきし（一六一・3）　6　わろし（一六一・5）

二　次の語の意味の違いを説明しよう。

1　「あけぼの」（一六〇・1）と「つとめて」（一六一・2）

2　「をかし」（一六〇・5）と「あはれなり」（一六〇・8）

教科書 p.160〜161

◆随筆(一)

枕草子　はしたなきもの

はしたなきもの、こと人を呼ぶに、我ぞとさし出でたる。ものなど取らする折は、❶いとど。

おのづから人の上などうち言ひそしりたるに、をさなき子どもの聞き取りて、その人のあるに言ひ出でたる。

あはれなることなど、人の言ひ出で、うち泣きなどするに、げにいとあはれなりなど聞きながら、涙のつと出で来ぬ、いとはしたなし。泣き顔つくり、1けしき異になせど、

❶「いとど」という表現には、どのような心理が表されているか。

1けしき異になせど　悲しげな様子をするけれども。

検印

教科書 p.162

いとかひなし。めでたきことを見聞くには、

まづただ出で来にぞ出で来る。

（第百二十二段）

学習の手引き

一　「はしたなきもの」としてあげられている例を整理し、それぞれどのような状況を述べたものか説明してみよう。

活動の手引き

一　「はしたなきもの」としてあげられている例を自分たちの身に置き換え、現代人の感覚ではどのように感じるか、話し合おう。

言葉の手引き

一　次の語の意味を調べよう。

1　はしたなし（一六二・1）　2　いとど（一六二・2）

3　おのづから（一六二・2）　4　そしる（一六二・2）

5　つと（一六二・5）　6　めでたし（一六二・6）

二　現代語の「はしたない」と、古語の「はしたなし」との意味の違いを説明しよう。

◆随筆(一)

枕草子　九月ばかり

九月ばかり、夜一夜降り明かしつる雨の、今朝はやみて、

朝日いとけざやかにさし出でたるに、前栽の露は

こぼるばかり濡れかかりたるも、いとをかし。

透垣[1]の羅文[2]、軒の上などは、かいたる[3]蜘蛛の巣の

こほれ残りたるに、雨のかかりたるが、

白き玉を貫きたるやうなるこそ、いみじうあはれに

をかしけれ。少し日たけぬれば、❶萩などのいと

1 **透垣**　竹や木で間を透かせて編んで作った、目の粗い垣根。
2 **羅文**　透垣などの上に、細い木や竹を菱形《ひしがた》に組んで飾りとしたもの。
3 **かいたる**　張り渡してある。「かきたる」のイ音便。

❶「萩などのいと重げなる」とは、どのような状態か。

検印

 教科書　p.163

重げなるに、露の落つるに、枝うち動きて、人も

手触れぬに、ふと上ざまへ上がりたるも、いみじうをかし。

と言ひたることどもの、人の心にはつゆをかしからじと

思ふこそ、またをかしけれ。

（第百二十四段）

学習の手引き

一　作者の興味の中心が何にあるかを読み取り、どのような点を「をかし」と評しているのか説明してみよう。

活動の手引き

一　「雨のかかりたるが、白き玉を貫きたるやうなる」（一六三・3）情景にふさわしい蜘蛛の巣の写真を探して、発表し合おう。

言葉の手引き

一　次の語の意味を調べよう。

1　けざやかなり（一六三・1）

教科書 p.163

2 こほる（一亖・3）

3 たく（一亖・5）

4 ふと（一亖・6）

二「つゆ」（一亖・7）に二つの意味が掛けられていることを説明してみよう。

教科書 p.163

◆随筆(一)

枕草子

中納言参りたまひて

1中納言参りたまひて、御扇奉らせたまふに、「隆家こそいみじき骨は得てはべれ。それを❶張らせて参らせむとするに、おぼろけの紙はえ張るまじければ、❷求めはべるなり。」と申したまふ。「いかやうにかある。」と問ひきこえさせたまへば、「すべていみじうはべり。『さらにまだ見ぬ骨のさまなり。』となむ人々申す。

1中納言　藤原隆家（九七九―一〇四四）。関白藤原道《みち》隆《たか》の子。「中納言」は官職名で、従三位《じゅさんみ》相当の公卿《くぎょう》が務めた要職。当時は官職名で人を呼称した。清少納言が仕えた一条《いちじょう》天皇の中宮定子《ちゅうぐうていし》は、隆家の姉に当たり、ここは、隆家が中宮定子の御前に参上した場面。

❶「張らせて」とは、何に何を「張る」のか。

❷「求めはべる」とは、何を「求め」ているのか。

検印

まことにかばかりのは見えざりつ。」と言高くのたまへば、

「さては、扇のにはあらで、海月の[2]ななり。」と

聞こゆれば、「これは隆家が言にしてむ。」とて、

笑ひたまふ。

かやうのことこそは、かたはらいたきことのうちに

入れつべけれど、「一つな落としそ。」と言へば、

いかがはせむ。

(第九十八段)

2ななり 「なるなり」の撥音便「なんなり」の「ん」が表記されない形。

学習の手引き

一　第一段落の会話の話し手と、次の傍線部の動作の受け手とを押さえ、誰が誰に何を話しているのかを把握しよう。

1　御扇奉らせたまふに、（一六四・1）

2　参らせむとするに、（一六四・2）

3　申したまふ。（一六四・3）

4　問ひきこえさせたまへば、（一六四・3）

5　聞こゆれば、（一六四・6）

二　「扇のにはあらで、海月のななり。」（一六四・6）という発言が意味するところを、文意に沿って説明してみよう。

活動の手引き

一　「一つな落としそ。」（一六四・9）とは、誰が、誰に、どのようなことを求めているのかを考え、末尾の一文を書きつけた作者の心情を読み取ろう。

言葉の手引き

一　次の語の意味を調べよう。

1　参る（一六四・1）　2　奉らす（一六四・1）

3　いみじ（一六四・1）　4　参らす（一六四・2）

5　おぼろけなり（一六四・2）　6　さらに（一六四・4）

教科書 p.164～165

7 のたまふ（二六四・5）

8 さては（二六四・5）

9 かたはらいたし（二六四・8）

10 いかが（二六四・10）

二 次の傍線部の助動詞の意味と活用形を答えよう。

1 それを張らせて参らせむとするに、（二六四・2）

2 え張るまじければ、（二六四・2）

3 求めはべるなり。（二六四・3）

4 扇のにはあらで、（二六四・6）

5 海月のななり。（二六四・6）

6 入れつべけれど、（二六四・9）

◆日記

土佐日記　門出

男もすなる日記といふものを、女もしてみむとて、するなり。[1]それの年の十二月の二十日余り一日の日の戌の時に、門出す。そのよし、いささかにものに書きつく。

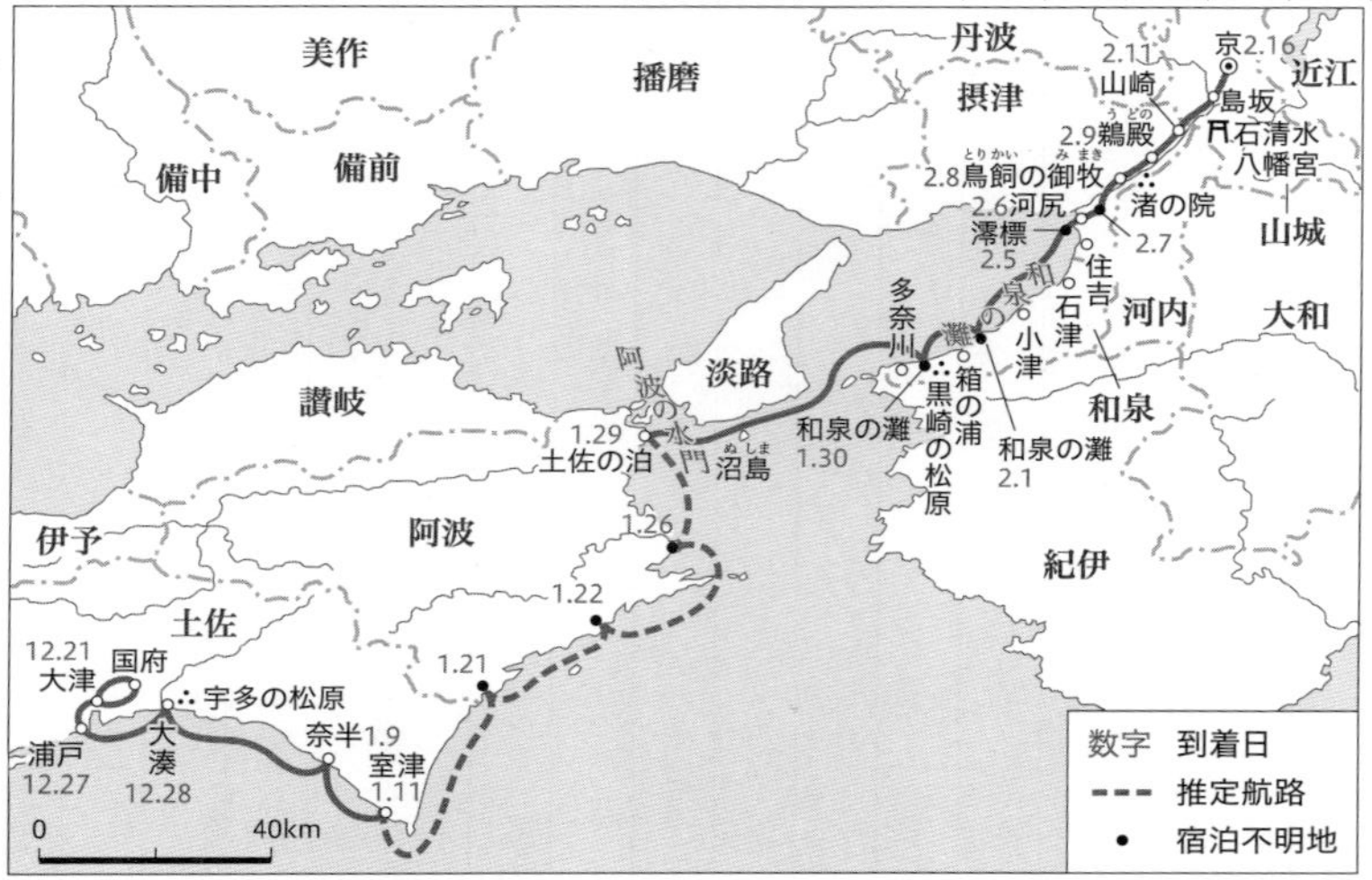

『土佐日記』旅程図

1それの年　某年。事実は九三四年（承平四）をさす。

検印

ある人、[2]県の四年五年果てて、[3]例のことどもみな

し終へて、[4]解由など取りて、[5]住む館より出でて、

[6]船に乗るべき所へわたる。かれこれ、知る知らぬ、

送りす。年ごろよくくらべつる人々なむ、別れがたく

思ひて、日しきりにとかくしつつ、ののしるうちに

夜更けぬ。

二十二日に、[7]和泉の国までと、[8]平らかに願立つ。

2 **県の四年五年** 国守として地方に勤務する任期の四、五年。

3 **例のことども** 国守交替のときのきまりの事務引き継ぎ。

4 **解由** 国守交替時に、新任者が前任者の任務完了を証明する公文書。

5 **住む館** 国守の官舎。今の高知県南国市比江《ひえ》にあった。

6 **船に乗るべき所** 今の高知市大津にあった港。

7 **和泉の国** 今の大阪府南部。

8 **平らかに願立つ** 船の旅が平穏無事であるように祈願する。

[9]藤原のときざね、**1**船路なれど馬のはなむけす。

上・中・下、酔ひ飽きて、いとあやしく、潮海のほとりにて[10]あざれ合へり。

二十三日。[11]八木のやすのりといふ人あり。この人、[12]国に必ずしも言ひ使ふ者にもあら[13]ざなり。これぞ、たたはしきやうにて馬のはなむけしたる。[14]守柄にやあらむ、国人の心の常として、今はとて見えざなるを、

9 藤原のときざね　伝未詳。国府の役人とする説がある。

1「船路なれど馬のはなむけす。」は、どのような効果をねらった表現か。

10 あざれ合へり　ふざけ合っている。「あざる」には「ふざける」「魚肉が腐る」の二つの意味があり、塩分があって腐らないはずの「潮海」のそばで「あざれ合」うという、おかしみをねらった表現。

11 八木のやすのり　伝未詳。国の有力者とする説がある。

12 国　国司の役所。

13 ざなり　「ざるなり」の撥音便「ざんなり」の「ん」が表記されない形。

14 守柄　国守の人柄。

心ある者は、[15]恥ぢずになむ来ける。これは、物によりて

ほむるにしもあらず。

二十四日。[16]講師、馬のはなむけしに出でませり。

ありとある上・下、童まで酔ひしれて、一文字をだに

知らぬ者、[17]しが足は十文字に踏みてぞ遊ぶ。

二十五日。[18]守の館より、呼びに文持て来[19]たなり。

呼ばれて至りて、日一日、夜一夜、とかく遊ぶやうにて

15 恥ぢずに 周りの目を気にせずに。

16 講師 国分寺の僧官。国内の僧尼を管理し、仏の教えを講じた。

17 しが足は その足は。「し」は代名詞。

18 守 ここは、新任の国守。

19 たなり 「たるなり」の撥音便「たんなり」の「ん」が表記されない形。

明けにけり。

二十六日。なほ守の館にて、饗応し、ののしりて、

郎等までに物かづけたり。唐詩、声あげて言ひけり。

和歌、❷主も客人も、こと人も言ひ合へりけり。唐詩は

これにえ書かず。和歌、主の守のよめりける、

都出でて君に会はむと来しものを

来しかひもなく別れぬるかな

❷「主」「客人」は、それぞれ誰をさすか。

となむありければ、帰る前の守のよめりける、

[20]白妙の波路を遠く行き交ひて

我に[21]似べきは[22]たれならなくに

20白妙の　「波」にかかる枕詞。

21似べき　「似るべき」の古い形。

22たれならなくに　あなた以外の誰でもないのだなあ。

学習の手引き

一　第一・第二段落から、事実をぼかして書いた箇所を抜き出し、どのような要素がぼかされているか、説明してみよう。

二　本文には、四人から受けた餞別《せんべつ》の様子が書かれている。記事の内容をふまえ、その時々の作者の思いを、想像も交えて説明してみよう。

活動の手引き

一　「戌の時」（一七三・2）のような、十二支を用いた時刻の漢字表記と読み方を調べ、それぞれが示す時刻とともに暗記しよう。

二　作者紀貫之の事績を調べ、「唐詩はこれにえ書かず。」（一七四・3）と記した意図として考えられることを、発表し合おう。

教科書　p.172～174

言葉の手引き

一　次の語の意味を調べよう。

1　よし（一七二・2）　　2　くらぶ（一七二・6）

3　とかく（一七二・6）　　4　ののしる（一七二・7）

5　あやし（一七二・9）　　6　たたはし（一七二・3）

7　饗応す（一七四・1）　　8　かづく（一七四・1）

二　次の傍線部の助動詞を文法的に説明しよう。

1　男もすなる日記といふものを、女もしてみむとて、するなり。（一七二・1）

2　言ひ使ふ者にもあらざなり。（一七二・2）

3　今はとて見えざなるを、（一七二・5）

教科書　p.172〜174

◆日記

土佐日記 亡児

二十七日。[1]大津より[2]浦戸をさして漕ぎ出づ。

[3]かくあるうちに、京にて生まれたりし女子、国にて

にはかに失せにしかば、このごろの出で立ちいそぎを

見れど、何ごとも言はず、京へ帰るに女子のなきのみぞ、

悲しび恋ふる。[1]ある人々もえ堪へず。この間に、

[1]ある人の書きて出だせる歌、

都へと思ふをものの悲しきは

1 大津 一七二ページ注6参照。

2 浦戸 今の高知市浦戸にあった港。

3 かくあるうちに 京に帰る一行の中で。

[1] 「ある人々」「ある人」「あるもの」の「ある」の意味は、それぞれ何か。

検印

帰らぬ人のあればなりけり

また、あるときには、

1 あるものと忘れつつなほなき人を

いづらと問ふぞ悲しかりける

学習の手引き

一 本文中からは、相反する二つの思いを読み取ることができる。何と何か、簡潔に答えよう。

二 『土佐日記』を和文で書き記した目的の一つは何であったと思われるか、本文をもとにして考えてみよう。

活動の手引き

一 京に帰り着くまでに、「亡児」の記事が数回表れる。何に触発されて亡児を追想しているか、『土佐日記』の原典で調べよう。

教科書 p.175

言葉の手引き

一　次の語の意味を調べよう。

1　にはかなり（一三五・2）　2　いそぎ（一三五・2）

3　なほ（一三五・7）　4　いづら（一三五・7）

二　次の傍線部の助詞の意味を答えよう。

1　都へと思ふをものの悲しきは（一三五・5）

2　帰らぬ人のあればなりけり（一三五・5）

3　あるものと忘れつつなほなき人を（一三五・7）

教科書 p.175

◆日記

土佐日記

帰京

[1]京に入り立ちてうれし。家に至りて、門に入るに、

月明ければ、いとよくありさま見ゆ。聞きしよりもまして、

言ふかひなくぞこほれ破れたる。[2]家に預けたりつる

人の心も、荒れたるなりけり。「中垣こそあれ、

一つ家のやうなれば、望みて預かれるなり。」

「さるは、たよりごとに、ものも絶えず得させたり。」

「今宵、かかること。」と、声高に❶ものも言はせず。

1 京に入り立ちて　一月三十日に和泉の国に着き、淀川《よどがわ》を上って、二月十六日の夜、京へ入った。

2 家に預けたりつる人の心も　家だけでなく、預けておいた留守番の人の心も。「家に」の「に」は、これを「を」に通ずる用法と解するなど、諸説がある。

❶「ものも言はせず」は、誰が、誰に、どのようなことを言わせないのか。

検印

教科書 p.176〜177

生まれし女子の、もろともに帰らねば、いかが悲しき。

思ひ出でぬことなく、思ひ恋しきがうちに、この家にて

おほかたの、みな荒れにたれば、「あはれ。」とぞ人々言ふ。

かたへはなくなりにけり。今生ひたるぞ混じれる。

松もありき。五年六年のうちに、千年や過ぎにけむ、

さて、池めいてくぼまり、水つける所あり。ほとりに

いとはつらく見ゆれど、こころざしはせむとす。

船人[3]もみな、子たかりてのゝしる。かかるうちに、なほ

悲しきに堪へずして、ひそかに心知れる人と言へりける歌、

生まれしも帰らぬものをわが宿に

❷小松のあるを見るが悲しさ

とぞ言へる。なほ飽かずやあらむ、またかくなむ、

見し人[4]の松の千年に見ましかば

遠く悲しき別れせましや

3 船人 同じ船で帰京した人々。

❷「小松」は、先にどのように書かれていたか。

4 見し人 ここは、亡き女児のこと。

忘れがたく、くちをしきこと多かれど、え尽くさず。

とまれかうまれ、とく破りてむ。

学習の手引き

一　本文の前半（一七六・6まで）と後半は、記事の重点に違いがある。その違いを、心情を表す形容詞をあげて説明してみよう。

二　後半の記事で庭の松に言及しているが、二首の歌の「松」は記事とどのように関わっているか、説明してみよう。

活動の手引き

一　末尾の二文は、作品冒頭で記された執筆意図（一七三・1）とどのように照応しているか、意見を述べ合おう。

言葉の手引き

一　次の語の意味を調べよう。

1　こほる（一七六・2）　2　つらし（一七六・5）

3　こころざし（一七六・6）　4　とし（一七七・2）

二 次の傍線部を文法的に説明しよう。

1 千年や過ぎにけむ、(一兵・8)

2 みな荒れにたれば、(一兵・9)

3 心知れる人と言へりける歌、(一兵・12)